AF496848

REMARQUES
HISTORIQUES
SUR L'ETAT
DE LA VILLE ET DU TERRITOIRE
D'ARLES,

Extraites de Moreri, Noftradamus, Bouche,
& autres Auteurs Provençaux.

N voit par la Notice des Gaules fous l'Empire Romain, qui a efté donnée au Public par Scaliger, & qui eft imprimée au commencement du premier Volume des Hiftoriens de France de Du Chefne, *fol. 36.* que l'Empereur Augufte les avoit partagées en dix-fept Provinces. Les Confuls d'Arles en ont fait la remarque dans leur Factum ; mais ils n'ont pas remarqué que parmi ces dix-fept Provinces il n'y en a aucune qui foit appellée *Provincia Narbonenfis.* Mais on y voit *Viennenfis prima,* où eft Arles.

Viennenfis fecunda, où font Narbonne, Touloufe, Beziers, Montpellier & autres Villes du Languedoc ; & cette feconde Viennoife eftoit appellée quelquefois *Gallia Narbonenfis,* parce que Narbonne eftoit à la tefte des Villes qui la compofent.

Viennenfis tertia, &c.

Ainfi Arles eftoit de la premiere Viennoife.

Ce partage des Gaules dura jufqu'aux Empereurs Chrétiens. En 512. les François la foûmirent à leur obeïffance, & ils en

A

devinrent les maiſtres, ainſi que du reſte de la Provence, qui avoit eſté enlevée aux Romains par les Bourguignons, Oſtrogots & Viſigots.

On ſe ſert d'un endroit de Procope, *livre 1. de la Guerre Gothique, chap. 5. & 15.* pour dire que Vitiges ſucceſſeur de Theodat Roy des Oſtrogots, la ceda aux Rois de France. Mais que ce ſoit à titre de ceſſion par ceux qui en eſtoient les Conquerans, ou à titre de conqueſte, cela paroiſt indifferent. Les François y avoient droit du chef de Clotilde, épouſe de Clovis, laquelle eſtoit de la Maiſon Royale de Bourgogne, dont la ſucceſſion eſtoit devoluë aux Rois ſes enfans.

730.   La Ville d'Arles fut priſe par les Sarraſins.

Elle fut reconquiſe incontinent par Charles-Martel.

Ainſi elle revint aux François, & elle demeura en leurs mains juſqu'en 879. que Boſon par une inſigne revolte ſe fit declarer Roy d'Arles à Mentale. L'acte de ſon uſurpation par cabale avec quelques Eveſques eſt rapporté dans les Conciles du Pere Sirmond. C'eſt l'origine du Royaume d'Arles ou de la Bourgogne cis-Jurane deçà le Mont-Jou. Et en 888. Raoul ou Rodolphe forma le Royaume de la Bourgogne trans-Jurane.

888.   Louïs l'Aveugle, fils de Boſon, dont eſt iſſu Charles Conſtantin Prince de Vienne, qui n'a jamais eſté Roy d'Arles.

900.   Hugues fils de Berte eſt Roy d'Arles. On ne ſçait ſi Berte eſtoit de la poſterité de Boſon. Mais Hugues en ſe ſaiſiſſant du Royaume, reduiſit Charles Conſtantin à la qualité de Prince de Vienne.

926.   Hugues depuis ceda tous ſes droits à Rodolphe II. qui fut Roy des deux Bourgognes en 926.

937.   Conrad le Pacifique, duquel font iſſus trois enfans.

994.   Rodolphe III. le Faineant.   Berthe.   Gerberge.

Rodolphe le Faineant eſtant decedé ſans enfans, le Royau-me appartenoit à Berthe ſa ſœur aînée, qui avoit épouſé Eudes I. Comte de Blois & de Chartres, dont eſt iſſu Eudes II. Comte de Champagne ; & de luy ſucceſſivement ſont iſſus les autres Comtes de Champagne, aux droits deſquels nos Rois ont ſuccedé par le mariage de Philippe le Bel avec Jeanne fille & unique heritiere de Henry III. Roy de Navarre & Comte de Champagne en 1284.

Conrad le Salique qui avoit épouſé Giſelle, fille de Ger-berge, qui eſtoit la cadette entre les enfans de Conrad le Pa-cifique, uſurpa le Royaume ſur Berthe & ſur les deſcendans de Berthe qui eſtoit l'aînée.

Conrad le Salique a laiſſé trois Henris ſes deſcendans. Hen-ry III. IV. & V.

Les autres Empereurs, quoy-que de differentes familles, ont établi ſur ce fondement ruineux leur pretention ſur le Royaume d'Arles & de Bourgogne.

Ainſi on ne voit partout & dans l'origine & dans le progrés de ce Royaume, que des uſurpations ſur les Rois de France.

Lorſque les Empereurs faiſoient tous leurs efforts pour faire valoir leurs injuſtes pretentions, Arles avoit ſes Comtes, qui l'eſtoient auſſi de la Provence.

1090.   Gilbert.
1102.   Dulcie, épouſe de Raimond Berenger I.

1131.   Berenger Raymond.
1145.   Raymond Berenger II.
1162.   Raymond Berenger III.
1166.   Ildephonse I.
1168.   Raimond Berenger IV.
1181.   Sanche.
1196.   Ildephonse II.
1209.   Raymond Berenger V.
1245.   Beatrix qui épousa Charles d'Anjou.

Les Auteurs ne conviennent pas precisément des noms & des dates ; mais la difference n'est pas de consequence pour la décision de l'affaire dont il s'agit.

Il faut observer qu'au commencement du 13. siecle sous Federic II. Arles se declara Republique par une derniere usurpation & sur les Empereurs qui y pretendoient, & sur les Seigneurs particuliers qui la possedoient, & sur les François à qui elle appartenoit.

Elle s'établit un gouvernement, dans lequel il y avoit pour Chef un Podestat, des Consuls & un Juge. Le Peuple élisoit le Podestat, l'Archevesque nommoit les Consuls, & le Podestat commettoit le Juge. Elle se rendit si puissante en si peu de temps, que Genes & les autres Villes de commerce se liguerent avec elle.

On peut croire aisément que c'est alors qu'elle a usurpé les droits Regaliers & la Directe.

Cette Republique ne dura environ que 37. ans, jusqu'en 1251. que Charles d'Anjou se fit restituer tout ce qu'elle avoit usurpé.

De la derniere Maison d'Anjou elle est revenuë avec la Provence à la France, & elle a esté réünie à la Couronne.

1481.   Le testament de Charles d'Anjou du 10. Decembre 1481. n'a fait que remettre la France en la possession d'un bien, dont la proprieté luy appartenoit par d'autres titres.

LA DIRECTE UNIVERSELLE DU ROY
sur Arles, & sur les autres Territoires du Comté de Provence.

LES Confuls d'Arles & les autres Provençaux difent, que la pretention du Roy eft contraire à la franchife dont la Provence jouït depuis plus de dix-fept cens ans qu'elle étoit aux Romains, & en laquelle ils ont efté maintenus par les anciens Comtes de Provence, par les Rois de France, par les Declarations de Sa Majefté, & par les Arrefts de fon Confeil.

Ils définiffent dans la fuite de leur Difcours, le Franc-alleu, ce qui eft fort inutile, dautant qu'il ne s'agit pas de fçavoir ce que c'eft que le Franc-alleu; mais s'il a lieu fans titre dans Arles, & dans le refte de la Provence.

Ils ajoûtent leur grand principe, qui eft en effet le feul fondement de leur pretenduë exemption, fçavoir, le Droit Romain, dans les Textes duquel ils s'imaginent trouver le Franc-alleu fans titre.

Ils commencent par la Loy *Altiùs. C. de fervitutibus & aquâ.* Ce qui eft, difent-ils *fol. 29* de leur Factum, confirmé par la Loy *Si in ædibus.* & par la Loy *Sicut. §. Sed fi quæritur. ff. Si fervitus vindicetur.* Leur Docteur fait voir en cela, qu'il n'eft pas un grand Docteur. On voit bien des Loix du Digefte confirmées par celles du Code; mais de dire, qu'une Loy du Code foit confirmée par celle du Digefte, les Auteurs qu'ils citent, font trop corrects pour parler ainfi. Ils ajoûtent la Loy derniere au Digefte *de Cenfibus,* dont ils inferent, que la Provence & Arles eftant *Juris Italici,* cela fignifie que le Franc-alleu fans titre y a lieu.

Enfin, ils font une Hiftoire confufe de la Provence jufqu'en 1481. qu'elle eft retournée à la France.

A iij

C'eſt ce qu'il faut démêler dans l'ordre des temps , & faire voir, que toutes les autoritez dont ils ſe ſervent, n'ont aucun rapport au Franc-alleu ſans titre.

Le premier temps comprend les ſiecles dans leſquels la Provence a eſté ſous la domination de Rome, juſqu'aux Empereurs Chrétiens.

Et c'eſt à ce temps-là qu'il faut rapporter toutes les Loix du Digeſte, qui ſont citées par les Conſuls d'Arles, & par les autres Auteurs des Païs de Droit écrit.

Il ſuffiroit de répondre, qu'en ce temps-là on ne ſçavoit ce que c'étoit que Fief, Cenſive, Roture, Franc-alleu noble & roturier, Droits ſeigneuriaux & feodaux : Et on peut aſſurer, qu'il n'y a aucune Loy dans le Digeſte, qui ait quelque apparence de rapport à ce que nous appellons Franc-alleu, qui eſt le domaine exempt de la Directe feodale, puiſque la Directe feodale étoit alors abſolument inconnuë, & qu'elle n'a pris ſa naiſſance que long-temps depuis toutes ces Loix.

En ſecond lieu, la Loy *Sicut. §. Sed ſi quæritur. ff. Si ſervitus vindicetur.* qui regle en matiere de ſervitude reelle, qui eſt celuy qui doit paſſer pour demandeur ou défendeur, eſt obſervée dans le Païs Coûtumier. Les Loix *Altiùs. & Si in ædibus. C. de ſervitatibus & aqua.* qui diſent, qu'on peut élever ſon edifice ſi haut qu'on veut, s'il n'y a une ſervitude établie au contraire, ſont obſervées dans le Païs Coûtumier. Et l'article 195. de la Coûtume de Paris porte cette liberté plus loin, & l'étend juſqu'au mur mitoyen qu'on peut hauſſer ſi haut qu'on le veut, ſans le conſentement du voiſin. Donc, on pourroit conclure dans le Païs Coûtumier, comme dans le Païs de Droit écrit, que le Franc-alleu ſans titre y a lieu, puiſque les diſpoſitions pour la liberté oppoſée aux ſervitudes reelles, ſont conformes dans l'un & dans l'autre Païs.

En troiſiéme lieu, il eſt certain, par la Notice des Gaules de Scaliger, (que les Conſuls d'Arles ont citée dans leur Factum,

& qui eft devenuë par là un titre commun) que la condition des dix-fept Provinces dans lefquelles les Gaules avoient efté diftribuées par Augufte, étoit égale. Elles étoient toutes alors également foûmifes au joug des Romains ; elles étoient toutes reduites en Provinces de l'Empire Romain. Et tout l'avantage de la Provence, eft d'avoir efté opprimée la premiere , & reduite la premiere en Province, d'où l'on dit que le nom de *Provence* luy eft demeuré. Mais le refte des Gaules a fubi fucceffivement le mefme fort.

C'eft ce qui faifoit dire à Critognatus , l'un des Chefs qui commandoient dans Alife en Auvergne , en animant fes gens contre Jules Cefar, au Livre 7. de fes Commentaires : *Refpicite finitimam Galliam, quæ in Provinciam redacta , Jure & Legibus commutatis, Securibus fubjecta , perpetuâ premitur fervitute.*

C'eft donc fans raifon que la Provence affecte aujourd'huy une liberté chimerique , qui la diftingue du refte des Gaules , parce que la fervitude des Gaules fous le joug des Romains a commencé par elle.

Il eft vray, que dans les dix-fept Provinces des Gaules, dont la fujétion étoit égale , les Romains ont choifi quelques Peuples particuliers, aufquels ils ont communiqué le privilege d'être *Juris Italici* ; ce qui emportoit une exemption à *Cenfibus.* Cela fe voit en la Loy derniere au Digefte *de Cenfibus.* C'eft cette Loy que les Auteurs du Païs de Droit écrit font tant valoir , & laquelle bien entenduë eft abfolument inutile dans la queftion de l'exemption de la Directe feodale, qui étoit inconnuë en ce temps-là. Il la faut examiner , pour ne laiffer aucun fcrupule dans les efprits.

Elle eft fous le Titre *de Cenfibus* ; & les Loix de ce Titre font pour marquer, quelles Villes & quelles Colonies étoient *Juris Italici.*

Eftre *Juris Italici*, felon Monfieur Cujace , qui eftoit de Touloufe , au livre 10. de fes *Obfervations , chap.* 35. c'eft eftre exempt *à Cenſibus*. Le mot *Cenſus*, qui avoit cours alors, ne s'entend pas des cenſives, ni des baux à cens, tels que nous les avons aujourd'hui. Mais c'eſtoit une eſpece de capitation, *pro modo capitum & jugerum*, comme l'a expliqué Jacques Godefroy excellent Auteur, ſur le Code Theodoſien *lib. 13. tit. 10. de Cenſu*. C'eſt ce qu'on appelle en France Capdaſtre ou Cataſtre, *Regiſtrum capitationis :* ce qui ne convient nullement aux matieres feodales & aux exemptions des directes feodales.

Une autre réponſe, c'eſt que la Provence, Arles & toutes les autres Villes qui ſont de la Provence, ne ſont pas au nombre de celles que la Loy derniere *de Cenſibus* dit eſtre *Juris Italici*, & exemptes *à Cenſibus*. Il eſt dit dans cette Loy : *Barcinonenſes quoque immunes ſunt. Lugdunenſes Galli , item Viennenſes in Narbonenſi , Juris Italici ſunt.* Voilà les ſeuls Peuples des Gaules que la Loy dit être *Juris Italici*.

Les Peuples d'Arles & des autres Villes de la Provence peuvent-ils dire qu'ils ſoient compris dans cette Loy?

Ils pretendent qu'encore qu'on liſe ordinairement dans les Editions dont nous nous ſervons, *Viennenſes in Narbonenſi ;* ce qui reduiroit le privilege aux Peuples de Vienne; il y a d'autres copies du Digeſte où on lit , *Viennenſes & Narbonenſes ;* & ils ſoûtiennent qu'ils ſont compris ſous ce mot, *Narbonenſes*.

Mais outre les Editions ordinaires, il faut remarquer que les Pandectes Florentines tiennent lieu d'original ; & il y a dans les Pandectes Florentines, *Lugdonenſes Galli , item Biennenſes in Narvonenſi.*

Il faut ajoûter ce qui reſulte de la Notice des Gaules ſelon le partage qui avoit lieu en ce temps-là, en dix-ſept Provinces juſqu'à Conſtantin.

Il y avoit cinq Provinces Lyonnoiſes , deux Belgiques, deux Germaniques & huit Viennoiſes , dont les trois dernieres étoient auſſi appellées Aquitaniques.

On ne dira pas que tous les Peuples compris dans les huit
Provinces

Provinces Viennoises fussent *Juris Italici*, non pas même selon que les Provençaux veulent lire le texte de la Loy *Viennenses & Narbonenses*. parce que chacun voit qu'il suffisoit de dire *Viennenses*, puisque Narbonne est la premiere ville de la seconde Province Viennoise. Ainsi, qu'il y ait *Viennenses in Narbonensi*, ou *Viennenses & Narbonenses*, cela se renferme dans la seconde Province Viennoise, qui étoit quelquefois appellée *Gallia Narbonensis*, parce que dans la liste des villes de cette Province, celle de Narbonne est la premiere : Narbonne, Touloufe, Agde, Alet, Beziers, Magalone, Nismes, Lodeve & Usés : si bien qu'il n'y auroit que ces Villes qui fussent *Juris Italici*, & exemptes *à Censibus*. Et comme dans cette seconde Viennoise il n'est fait aucune mention d'Arles ni des autres Villes de Provence, le texte de la Loy qui est limité, ne peut pas leur être appliqué. Et c'est la raison pour laquelle les Villes du Languedoc qui sont dans cette seconde Province Viennoise, ont toûjours pretendu qu'il faloit les distinguer d'avec les autres Villes & Provinces de Droit écrit.

Il n'y a donc rien dans ce premier temps jusqu'aux Empereurs Chrétiens, qui puisse servir aux Provençaux ni directement ni indirectement pour l'exemption de la Directe feodale.

Sous les Empereurs Chrétiens jusqu'en 459. ou 466. selon les diverses Epoques des Auteurs mêmes des Pays de Droit écrit, on ne peut avoir recours qu'au Code Theodosien. Sur quoy il est à remarquer, que la seule consequence que les Peuples compris dans la seconde Viennoise pouvoient tirer de la Loy derniere *de Censibus*, étoit que par là ils étoient exempts des Tailles réelles & des Capdastres. Mais comme dans le Code Theodosien nulle mention n'a été faite de ces immunitez & de ces exemptions, & qu'au contraire il y a une Constitution des Empereurs Gratien, Valentinien & Theodose en 383. par laquelle toutes les exemptions sont revoquées : *Nemo aliquid immune possideat ;* on n'a jamais douté nonobstant la Loy derniere au Digeste *de Censibus*, que les Tailles réelles n'euſſent lieu dans tous les Pays qui étoient par cette Loy *Juris Italici*, & exempts à *Censibus*.

Depuis 459. ou 466. juſqu'en 538. la Provence a été ſous la domination des Viſigots, des Oſtrogots, & des Rois de Bourgogne; & elle n'eſt plus retournée ſous l'Empire des Romains.

On ne peut pas dire que dans cét intervalle de temps les Provençaux aient acquis une exemption de la Directe féodale, qui n'avoit pas encore lieu.

On ne peut pas même dire qu'ils aient acquis une plus grande liberté pour leurs perſonnes & leurs heritages. Au contraire, nous liſons dans Iſidore *in Chronico*, que cét Evarix ou Euric dont parlent les Conſuls d'Arles dans leur Factum, (lequel Evarix avoit conquis la Provence) avoit fait une Compilation de Loix Gothiques, pour l'oppoſer à celle des Loix Romaines, ſelon que le Pere Sirmond explique cét Auteur.

Et *Sidonius Apollinaris* Eveſque de Clairmont en Auvergne, qui vivoit en ce temps-là, en parlant d'un certain *Seronatus* qui ſortoit de la Cour d'Evarix, dans *l'Epiſtre 1. du Livre 2.* dit : *Exultans Gothis, inſultans Romanis, Leges Theodoſianas calcans, Theodoricianaſque proponens, veteres culpas, nova tributa perquirit.* Voilà quel étoit le Gouvernement d'Euric.

La publication ſous Alaric du Code de l'Empereur Theodoſe, où il y a une Conſtitution qui revoque toutes les immunitez, ne leur eſt pas plus avantageuſe.

Les Conſuls d'Arles ont parlé dans leur Factum , comme ſi les François tenoient la Provence de la confirmation de l'Empereur Juſtinien; ce qui eſt incompatible avec les Hiſtoires de leurs Pays , où les Auteurs diſent que dés l'an 459. ou du moins 466. la Provence a ceſſé d'ètre ſous le joug de l'Empire Romain. Or Juſtinien eſt parvenu à l'Empire en 527. & eſt mort en 566. Et tous nos Juriſconſultes François ont remarqué que c'eſt en vain que cét Empereur affecte le titre ambitieux de *Francicus*, comme s’il avoit fubjugué la France , lui qui n’a jamais dominé dans aucun endroit des Gaules, ni dans la Provence , ni ailleurs. Et c’eſt la raiſon pour laquelle ce même Empereur en la Loy 2. au Code *De officio Præfecti Prætorio Africæ* , donne ordre à Beliſſaire de faire obſerver ſoigneuſement ce qui ſe paſſoit en France, & de veiller ſur la conduite de ſi puiſſans Voiſins.

Et ce qu’il y a de plus que tout cela, c’eſt qu’il n’y a rien dans ſes Compilations du Digeſte & du Code, ni dans ſes Novelles, qui convienne à nos Directes feodales, parce que l’uſage des Fiefs n’étoit pas encore introduit.

Les François alors étoient les maîtres d’Arles & de la Provence. Elle appartenoit aux Deſcendans de Clovis qui avoit épouſé Clotilde Princeſſe de la Maiſon de Bourgogne. Voilà le veritable titre de leur proprieté. Elle leur eſt demeurée juſqu’en 879. que le Comte Boſon beau-frere de Charles le Chauve, convertiſſant ſon adminiſtration en titre de Souveraineté, uſurpa cette Province & pluſieurs autres, dont il forma le Royaume d’Arles.

On ne compte pour rien l’interruption de la domination Françoiſe par la priſe d’Arles par les Sarraſins en 730. parce que les François conduits par Charles Martel la reconquirent incontinent.

C’eſt dans les ſeptiéme , huitiéme & neuviéme ſiecles que s’eſt fait le veritable établiſſement des Fiefs. Ils ont commencé dans la France, & de la France l’uſage en eſt paſſé dans les autres Terres de l’Europe : & comme la Provence faiſoit alors partie de la France, il faut dire que les Fiefs y ont été introduits avec autant de raiſon & en la même maniere, que dans les autres Provinces du Royaume ſans aucune diſtinction.

On a vû par ce moien dans toute la France une nouvelle eſpece de biens, qui n’avoit rien de commun, ni avec les Réponſes des Juriſconſultes Romains, ni avec l’Edit du Preteur,

ni avec les Conftitutions des Empereurs, ni avec le Code Theodofien, ni avec la Loy Salique, ni avec les Loix des Vifigots,
ni avec la Loy Gombette, qui étoit celle des Bourguignons.
Les biens de cette qualité étoient appellez *Beneficia*; & parce
que, felon la remarque de François Hotman, ce terme, *Beneficia*, s'expliquoit en la Langue des Germains, dont nos François font venus, par celui de *Feod*, le nom de Fief leur eft demeuré; de quoy il n'y a aucun veftige dans la Jurifprudence
Romaine.

Les infeodations étoient uniquement pour le fervice mili-
taire; & comme ce motif étoit general dans tout le Royaume,
l'ufage des Fiefs y étoit auffi univerfel; & par-tout nos Rois
avoient la qualité de Souverains Fieffeux : ce qui emporte na-
turellement une Directe univerfelle.

Il y en a une preuve illuftre dans un Fragment d'une Epître
de ce temps-là de Charles-le-Chauve au Pape Hadrien, rapporté dans le Gloffaire de Pithou fur les Capitulaires, *in ver-
bo*, *Vicedominus*. Voici les mots de Charles-le-Chauve. *Quia
Reges Francorum ex Regio genere nati, non Epifcoporum Vicedomini,
fed terræ Domini hactenus fumus computati.* C'eft à dire, que nos
Rois n'avoient pas une fimple adminiftration comme ceux qui
étoient appellez *Vicedomini*, qui n'étoient que des OEcono-
mes & des Gouverneurs; mais qu'ils avoient une Seigneurie
directe fur toutes les Terres du Royaume, & même fur le
temporel des Evefchez, *Terræ Domini* : à plus forte raifon
fur les autres fonds qui n'étoient par confacrez à l'Eglife. Ce
que les Comtes de Provence ont appellé depuis, comme il fera
dit en fon lieu, *Majus Dominium*, Seigneurie directe diftincte
de la fimple Souveraineté.

Depuis 879. qui eft le temps de l'ufurpation de Bofon fur
les François, jufqu'en 1481. que la Provence eft retournée à la
Couronne, dont elle avoit été éclipfée, elle a été quelque
temps fous les Rois d'Arles, fous les Comtes de Barcelone,

ſous les Rois d'Arragon, & ſous les Princes de la premiere & ſeconde Maiſon d'Anjou.

Sous les Rois d'Arles, il faut obſerver que ce qu'on appelle aujourd'hui Droit écrit, n'étoit pas connu publiquement, ni enſeigné dans l'Occident. L'Empereur Juſtinien avoit achevé ſes Compilations des Loix en 534. Depuis ce temps-là juſqu'en 1136. elles étoient demeurées cachées dans l'Occident. Quelques curieux par leur communication avec les Orientaux, en pouvoient avoir quelque connoiſſance legere & imparfaite : mais il eſt conſtant qu'elles n'étoient pas connuës en France publiquement, non pas même en Italie. L'invaſion des Goths en avoit arrêté l'éxecution, & ſupprimé la connoiſſance.

Elles furent trouvées à Piſe en 1136. ſous Lothaire II. On commença de les enſeigner en France à Montpellier en 1190. Voilà l'origine de ce qu'on appelle aujourd'hui Droit écrit dans le Royaume, long-temps aprés l'établiſſement des Fiefs.

Ainſi quand Juſtinien a fait ſes Compilations de Loix & de Conſtitutions, il n'y avoit pas encore de Fiefs : Et quand ſes Compilations ont commencé d'être connuës publiquement en France, les Fiefs étoient pleinement établis, & leur uſage étoit certain.

En effet, en 1180. *Gerardus Niger* & *Obertus de Orto*, qui ont redigé les Coûtumes des Fiefs de Lombardie, témoignent en pluſieurs endroits, que ces Coûtumes étoient déja fort anciennes. C'étoit ſur la fin du douziéme ſiecle qu'ils écrivoient, & il y avoit déja plus de ſix ſiecles que les Fiefs avoient commencé d'être établis.

Et *Obertus de Orto*, Conſul de Milan, dit au *livre 2. tit. 1. de feudi cognitione*, une choſe qui eſt tres-importante & deciſive, pour conclure qu'il ne faut pas avoir recours au Droit Romain, pour juger les matieres feodales. *Des cauſes*, dit-il, *que nous avons à juger, les unes ſe decident par le Droit Romain,* Jure Romano ; *d'autres par la Loy des Lombards : mais celles des*

Fiefs se jugent par la Coûtume. Il est vrai , ajoûte-t-il , que l'au-
torité des Loix Romaines est grande ; mais elle n'est pas assez forte
pour vaincre la Coûtume.

Il doit donc demeurer pour constant, que ce qu'on appelle
Droit écrit , est absolument inutile pour juger les questions
feodales, & qu'en matiere de Fief & de Directe feodale , la
pretention d'exemption fondée sur le Droit écrit , est absolument chimerique.

Il faut maintenant considerer la Provence sous les Comtes
de Barcelone , les Rois d'Arragon , & les derniers Comtes avant
les deux Maisons d'Anjou.

Les Comtes de Barcelone ont si peu deferé à ce qu'on
apelle Droit écrit , pour alterer la nature des Fiefs , qu'entre
les Usages de Catalogne qui sont inscrits, *Usatica Cathalonen-*
sia, il y a une decision expresse , *de Alodio Castellani* , où il est
dit que *Vasallus tenetur ostendere Domino suo quomodo habet per*
Alodium; *si verò non potuerit ostendere , non erit Alodium , sed de*
feudo erit. Ce qui est general pour toute la Catalogne. Ce qui
va non seulement à faire une simple declaration au Papier
Terrier ; mais même à obliger les possesseurs à rapporter les
titres justificatifs du Franc-alleu.

Et cependant dans cette Loy fameuse du Jurisconsulte *Pau-*
lus , qui est la derniere *de Censibus* , au Digeste, il est dit , *Bar-*
cinonenses Juris Italici sunt. Ce qui n'a pas été consideré , parce
qu'en effet ce texte de Droit ne convient nullement à la matiere des Fiefs en quelque Pays que ce soit.

Il est vrai que ces usages sont pour la Catalogne , & non
pas pour la Provence : mais il n'est pas à croire que les Comtes
de Barcelone aient eu pour la Provence d'autres sentimens
que pour la Catalogne , ni qu'ils y aient interpreté d'une autre
maniere & contre son veritable sens la Loy derniere *de Censibus.*

Il en est de même des Rois d'Arragon. Pierre Roy d'Arragon en 1204. arresta les Statuts de la ville de Montpellier ,

dont il étoit Seigneur, Pays de Droit écrit , on peut ajoûter, Pays natal du Droit écrit, puifque Montpellier a été en France la premiere Ecole où il a pris naiffance. Montpellier d'ailleurs étant compris , fous le nom de Magalonne parmi les Villes de la feconde Province Viennoife ou Narbonnoife, avoit quelque droit de pretendre le Droit Italique & l'exemption *à Cenfibus.* Et cependant dans ces Statuts non feulement il n'eft point parlé de cette liberté des fonds, qu'on veut fonder fur le Droit écrit à l'égard de la Directe feodale, qui y étoit inconnuë ; mais même les droits feigneuriaux de lods & ventes y font reconnus comme des droits ordinaires: jufques-là que les Compartageans en font tenus, quand il y a des tournes & des foutes de partage.

Sous les Princes de la Maifon d'Anjou, il n'y a point auffi d'apparence , qu'étant nourris dans les Coûtumes de France, on en ait ufé autrement.

Cela paroît par un extrait du Regiftre *Viridis* de la Chambre des Comptes de Provence, commencé en 1319. & finiffant en 1366. qui a pour titre , *Forma & modus per quem folvuntur laudiniia in Comitatibus Provinciæ & Forcalquerii.* Le Reglement fuppofe que les lods font dûs par-tout ; mais la quotité des lods n'étant pas égale par-tout , le Reglement eft fait pour la regler. Il n'y a que deux ou trois exceptions pour la ville d'Aix & pour la Viguerie de Tarafcon : ce qui confirme la regle dans tout le refte, & établit une Directe feodale univerfelle dans la Province.

Il a été obfervé que ce Regiftre *Viridis* finit en 1366. Il faut ajoûter à ce Regiftre , pour une plus grande confirmation, l'Ordonnance Latine de Jeanne Reine de Sicile & Comteffe de Provence, de cette même année 1366. laquelle eft inferée au commencement des Statuts de Provence, où l'on voit que les Provençaux ont entrepris , autant qu'ils ont pû, fur les droits des Comtes de Provençe, durant qu'ils étoient occupez dans leurs Royaumes de Naples & de Sicile. Mais quand ces entreprifes font venuës à leur connoiffance, ils les ont auffi-tôt reprimées par leurs Edits.

EXEMPLE. Les Seigneurs particuliers qui avoient des Seigneuries dans le Comté de Provence, vouloient juger en dernier reffort. La Reine Jeanne déclare par fon Ordonnance de 1366. que la connoiffance des appellations lui appartient & à fa Cour. Cela paroît inutile pour le fujet dont il s'agit; mais la raifon qu'elle en rend dans l'Ordonnance, y fert extrémement. Elle dit que le reffort lui appartient *ratione majoris dominii*, ce font fes termes. Elle ne dit pas pour fes raifons, qu'il n'y a point de Juftice en Franc-alleu, & que toutes les Juftices doivent reffortir à la Souveraine. Mais elle fe fert d'un principe plus grand & plus étendu, que les Comtes de Provence ont une Directe univerfelle dans tout le Comté, *Majus dominium*, & par confequent une Jurifdiction de la n ê ne étenduë, d'autant que la Directe de dignité emporte toûjours la Jurifdiction. Et quand on a dit, *Fief & Juftice n'ont rien de commun*, cela ne s'entend point des Fiefs de dignité, dans lefquels tous nos Auteurs conviennent que la feodalité attire à foi la Jurifdiction.

Et pour montrer clairement que ces mots, *majus dominium*, doivent être entendus de la Seigneurie directe, il fe voit dans une Requête en langage Provençal, par laquelle les Peuples demandoient que le retrait lignager eût lieu dans la Provence, qu'on fe fert de ces termes, *fenfa prejudici dal Segnour diret*; & dans la Réponfe Latine qui eft conforme à la demande, il eft dit, *fine præjudicio majoris Domini*. *Major Dominus* en Latin eft ce qu'on appelle en Provençal, *Segnour diret*. *Majus dominium* eft la Seigneurie directe.

Sous nos Rois depuis la reünion à la Couronne, il eft vrai qu'ils ont reconnu que la Provence étoit Pays de Droit écrit: mais le bon fens ne fouffre pas que cela s'entende, finon pour
les

les matieres qui font reglées par le Droit écrit ; & il eſt impoſ-
ſible d'avoir recours au Droit écrit pour les matieres feodales,
& pour l'exemption des Directes feodales.

En effet, le Parlement d'Aix & la Chambre des Comptes de
Provence ont donné leurs avis en diverſes occaſions pour la
Directe univerſelle du Roy. On voit dans une Production
des Conſuls d'Arles , qui contient à la fin de l'Inventaire des
Contredits contre les pieces produites par celui qui étoit alors
Fermier du Domaine , que le Fermier avoit produit ces avis :
mais ces avis & d'autres pieces ne ſe trouvent plus, & elles ont
été ſouſtraites de la Production par quelque accommodement
ſecret, que les comptes rendus par les Conſuls d'Arles font
ſoupçonner. Si les precedens Fermiers avoient été auſſi exacts
& auſſi fideles que Maiſtre Jean Simon, à la diligence duquel
le Fermier General fait aujourd'hui les pourſuites , ces incon-
veniens ne ſeroient pas arrivez.

Il en eſt reſté deux certificats des Auditeurs & Archivaires
en la Chambre des Comptes de Provence des années 1559. &
1628. par leſquels ils declarent *que toutes les Villes & Villa-
ges de Provence font ſujets à payer lods & ventes du franc &
non franc, hormis les Citez & Villes d'Aix & Taraſcon : & par
ainſi leſdites Villes font in* franco Allodio *, ainſi que plus à plein
eſt contenu au Regiſtre* Viridis.

Ce qui eſt confirmé par l'avis du ſieur Maynet Threſorier
de France à Aix, Commiſſaire deputé par le Conſeil du Roy
du 8. Novembre 1655. où il établit poſitivement la Directe
univerſelle du Roy dans le Comté de Provence.

En effet, les maximes obſervées de tout temps en Provence dans les matieres ſeigneuriales & feodales font directement
oppoſées à la pretention du Franc-alleu ſans autre titre que
les Loix & les Conſtitutions du Droit écrit.

Premierement, la Directe en Provence eſt impreſcriptible
par quelque eſpace de temps que ce ſoit. Où les Provençaux

C

trouveront-ils dans le Droit écrit une redevance, une presta-
tion qui soit imprescriptible ?

2°. Ils ont obtenu la confirmation des bannalitez sur leurs
justiciables. Où trouveront-ils ces bannalitez dans le Droit
écrit ?

3°. La Directe universelle a lieu au profit des Seigneurs particuliers, en sorte que le Seigneur Jurisdictionnel, (c'est ainsi
qu'ils l'appellent) qui a des reconnoissances de la plus grande partie d'un Territoire certain & limité , est bien fondé de
demander les mêmes droits seigneuriaux, censives, lods, re-
tentions ou prelations sur les autres fonds qui sont enclavez
dans le détroit de sa Jurisdiction. Les Arrests du Parlement
de Provence en sont rapportez par le sieur Morgues sur les
Statuts de Provence. Les Sujets du Roy plaidans contre leurs
Seigneurs Jurisdictionnels dont ils sont justiciables, ont beau
reclamer le Droit écrit, la Loy derniere *de Censibus* , la Loy
Altiùs. De servitutibus & aquâ. la Glose d'Accurse, & toutes
les autres autoritez qui disent qu'un fonds ne doit point de
servitude, *neque urbanam neque rusticam* , s'il n'y a titre, comme
le disent aussi la plûpart de nos Coûtumes. Les Seigneurs Jurisdictionnels répondent, qu'il s'agit de redevances seigneuria-
les & feodales que le Droit écrit ne connoît point, & qu'il suffit qu'ils soient Seigneurs du Territoire, dans lequel ils ont déja plusieurs reconnoissances. Et quand le Roy qui est leur
Comte , qui est assurément en cette qualité Seigneur Jurisdictionnel de tout le Comté de Provence, qui a comme eux un
Territoire certain , dans lequel un grand nombre de Terres
sont dans sa mouvance & dans sa Directe , veut soûtenir
comme eux que cela suffit pour sa Directe sur toutes les autres Terres qui sont enclavées dans le même Comté, & qu'elles doivent être toutes dans sa mouvance immediate ou me-
diate, ils s'écrient contre sa pretention, ils font des remon-
trances fondées sur les mêmes moiens qu'ils jugent ne

rien valoir contre eux dans la bouche de leurs justiciables.

Et il est assez étrange qu'on life dans les Commentaires de cét Auteur Provençal fur les Statuts de Provence *en la page* 140. de l'Edition de 1658. une proposition avancée en faveur des Seigneurs particuliers, qu'*En Provence la Jurisdiction est regulierement attractive du Domaine direct.* Et *dans la page* 141. une proposition absolument opposée, quand il s'agit du droit du Roy, que la Jurifdiction & la Directe font chofes differentes, & qu'on ne presume point la Directe à l'égard du Roy, encore qu'il ait la plûpart des Directes particulieres dans un Territoire.

On voit par là quel est l'esprit des Provençaux de faire valoir des propositions qui leur servent contre leurs justiciables, & de les rejetter, quand le Roy en veut tirer pour fes droits les mêmes confequences.

Il faut conclure de tout ce qui vient d'être obfervé, qu'un fonds pour être fitué en Pays de Droit écrit, bien moins dans le Territoire d'Arles, & dans les autres du Comté de Provence, n'est pas cenfé pour cela être en Franc-alleu, & qu'il ne doit pas y avoir de Franc-alleu, fi les pieces juftificatives du Franc-alleu ne font rapportées, fuivant l'Ordonnance de 1629. qui a été redigée fur les Cahiers des Etats du Royaume, & concertée avec les plus grands Magiftrats & les plus habiles gens, qui fuffent alors, & qui n'est pas moins jufte, encore qu'elle ait été tournée en ridicule par le fobriquet qu'on lui a donné, pour complaire à un Miniftre qui n'aimoit pas Monfieur le Garde des Seaux de Marillac fon auteur.

C'est dans ce même efprit que Monfieur Barme Avocat General au Parlement de Paris fous Louïs XII. avoit dit auparavant, & ne laiffoit échaper aucune occafion de le redire dans fes Actions publiques, qu'il n'y avoit & ne pouvoit avoir en France aucun Franc-alleu. Cela fe lit dans *Pontanus* fur la Coûtume de Blois, Auteur contemporain, *fol.* 187. de la premiere Edition. *Unde fcitè Dominus Barma id temporis Regius in Suprema Curia Parifienfi Advocatus dicere folebat, nullum penitus apud Francos francum Allodium, id eft, liberum ac immune à quocumque dominio.*

Monfieur le Chancelier du Prat dans ce même efprit avoit confeillé à François I. d'abolir tous les Franc-alleus du Royaume tant nobles que roturiers, dont Saint Julien dans fes Mélanges *livre 4. chap. 3.* rapporte qu'il y eut Edit refolu, dreffé & fcellé, mais non publié ni enregiftré, pour des interêts particuliers oppofez au fervice du Roy.

M. Antoine Loifel qui a eu de grands emplois en Guyenne fur la fin du dernier fiecle, dans fon Obfervation qui a pour titre, *Nulle terre fans Seigneur, fol. 128. & 129.* fe fert à la fin pour la preuve de fa propofition, d'un titre qui fe trouve au Code Theodofien & en celui de Juftinien. *Sine Cenfu fundum comparari non poffe.* La premiere Loy eft de Conftantin pour la Province Lyonnoife, qui fuppofe que l'exemption *à Cenfibus,* dont il eft fait mention au Digefte, n'avoit plus de lieu. Et fi l'on y joint la Loy *Omni. 26. de Annona & tributis.* qui eft d'Honorius au Prefet du Pretoire des Gaules, avec les endroits de Salvien Prêtre de Marfeille, que Jacques de Godefroy rapporte en fes Commentaires, on verra qu'alors la condition de toutes les Provinces des Gaules étoit égale. *Pari omnes forte tenebantur.*

Plus on examinera ce point de nôtre Jurifprudence Françoife, & plus on fera convaincu que pour les matieres feodales il n'y a point de Pays de Droit écrit, & que tous les Pays en cela, même ceux qui font regis par le Droit écrit, font Pays de Coûtumes, où le Franc-alleu fans titre n'eft pas recevable.

Les Confuls d'Arles voiant bien qu'ils ne peuvent, pour établir leur pretendu Franc-alleu, tirer aucun fecours ni de la difpofition du Droit écrit, ni de la condition generale des fonds de la Provençe, font reduits dans cette extrémité, que de dire, comme ils ont fait dans leur Memoire imprimé, qui a pour titre, *Franc-alleu de la Ville d'Arles, fol. 3.* que le Territoire d'Arles étoit à part foy diftinct & feparé de la Provence. Ce qui les oblige de rapporter les titres en vertu defquels ils pretendent que les fonds de la Ville & du Territoire d'Arles ont été concedez en Franc-alleu. Et en effet dans leur grand Factum *fol. 39.* il y a un chapitre qui a pour titre, *Titres pour juftifier que la Communauté & Habitans d'Arles ont toûjours poffedé leurs biens en Franc-alleu.* Mais tous ces titres n'en difent rien, à moins qu'on ne veuïlle foûtenir le plus grand de tous les paradoxes : Que quand il eft dit dans un contract, *pour en joüir & difpofer à fa volonté, liberè* qui eft une claufe de ftyle, cela fignifie que le fonds, dont la joüiffance libre eft delaiffée, eft concede en Franc-alleu, & exempt de la Directe feodale. Cela ne merite point de réponfe ; & les exemples citez par les Confuls d'Arles font voir, qu'afin que ce mot *liberè* puiffe s'entendre d'un Franc-alleu, il faut que cela foit nommément & fpecifiquement exprimé.

Le Fermier du Roy en pouvoit demeurer là. Car le Franc-alleu n'étant pas juftifié, la Directe univerfelle du Roy produit fon effet. Mais par furabondance de droit, il rapporte des titres, dont quelques-uns font les titres mêmes des Confuls d'Arles, qui font entierement oppofez à leur pretendu Franc-alleu.

Ainfi on peut conclure, que les Confuls ne trouveront aucun fondement de leur Franc-alleu, ni dans le Droit écrit, ni dans les maximes obfervées en Provence, ni dans les titres particuliers qu'ils produifent.

DE FOURCROY.

MESSIEURS DU PUY, fol. 341.
DES DROITS DU ROY.

DE L'ETENDUË ET GRANDEUR DU ROYAUME de Bourgogne; & comme les Empereurs d'Allemagne s'en font rendus maiſtres.

CHAPITRE PREMIER.

LE Royaume de Bourgogne comprenoit , du regne de l'Empereur Henry III. qui fut couronné l'an 1038. tout le Païs qui eſt delà la Riviere de Saône & le Rône , à prendre depuis la ſource de la Saône juſques à Lyon , & de là à Arles juſques à la mer Mediterranée , & de ſuite à Marſeille, Toulon, & Nice ; & en retournant à Sion en Vallay , à Baſle en Suiſſe , & juſques à ladite ſource.

Dans cette grande étenduë de Païs ſont les ſept Villes Archiepiſcopales de Lyon , Vienne , Ambrun , Arles , Aix , Avignon , de la Tarentaiſe , & de Bezançon , & les Provinces du Lyonnois, du Dauphiné & de Provence; partie du Piémont , les Comtez d'Avignon , de Venaiſcin , & de Nice ; la Principauté d'Aurenge , les Duchez de Savoye & de Chablais, les Seigneuries de Breſſe , Beugé , & Valromey , la Baronie de Gex , la Republique de Geneve , & le Païs des Genevois , les Cantons de Baſle , Soleurre , Berne , & Fribourg en Suiſſe; une portion de l'Alſace , le Païs de Vallay , (où eſt la Ville Epiſcopale de Sion) les Comtez de Bourgogne, Montbeliard, Neufchaſtel , & de Ferrete; la Principauté de Dombes , & le Comté d'Auxone.

Ce Royaume fut donné par le Roy Raoul III. qui mourut l'an 1032. à l'Empereur Conrad le Salique , qui avoit épouſé Giſele , niéce dudit Raoul, pour Henry le Noir ſon fils ; & ledit Conrad en prit poſſeſſion l'an 1033. Ses Succeſſeurs & Deſcendans furent les Empereurs Henry III. Henry IV. & Henry V. & de fuite, les Empereurs Conrad III. Frederic I. Henry VI. & Frideric II. qui venoient d'Agnés fille dudit Henry IV. & fœur de Henry V.

Ces Empereurs défaillant, les Empereurs des Maifons d'Autriche, de Baviere, de Luxembourg, & d'autres Maifons, combien qu'ils ne fuffent defcendus dudit Empereur Conrad le Salique, n'ont pas laiffé de pretendre droit de Souveraineté, tous droits Royaux & de feodalité audit Royaume de Bourgogne, fe fondant fur cette maxime, *Que ce qui eft acquis à titre particulier par les Empereurs, eft taifiblement acquis à l'Empire.*

Les veftiges de cette pretention nous font demeurez en plufieurs Titres, qui font au Tréfor des Chartes du Roy, par plufieurs Bulles & Lettres de ces Empereurs. *Sac des Empereurs d'Allemagne, N.n. 46.47.48. 49. Boheme n. 4. Et Dauphiné, Provence, Languedoc.*

Charles V. Roy de France, furnommé le Sage, ufa de tant de complaifance envers Charles IV. fon oncle maternel, qu'il fe laiffa aller à luy demander en l'an 1378. pour fon fils Charles Dauphin de Viennois, depuis Charles VI. du nom, Roy de France, le Vicariat du Dauphiné & de la Provence, la vie durant dudit Charles Dauphin.

L'Empereur Charles V. lors du Traité de Madrit, voulut faire valoir ce droit, comme il fe voit aux Regiftres du Parlement, foûtenant que le Roy François I. le devoit reconnoître pour Souverain à caufe de la Provence, du Dauphiné, & autres Seigneuries, autrefois des appartenances dudit Royaume.

Tellement, que puifque nos Rois poffedent à prefent une grande partie de ce Royaume par échange, fucceffion, ou autrement, il eft neceffaire de reprefenter leur droit, non feulement en ce qui concerne la proprieté que les Jurifconfultes appellent *La Seigneurie utile;* mais principalement pour ce qui eft de la Souveraineté, quoi-que les Allemans foûtiennent le contraire.

DV DROIT DV ROY AV ROYAVME

de Bourgogne , uſurpé ſur les Rois Louïs III. Carloman , & Char-
les le Simple , fils de Louïs le Begue , & autres Rois de France
de la Maiſon de Charlemagne , par Boſon Roy d'Arles , Raoul I.
Roy de la Bourgogne trans-Jurane , & leurs Succeſſeurs Rois de
Bourgogne ; & enfin par les Empereurs d'Allemagne.

CHAPITRE II.

IL eſt ſans conteſtation , que les Rois de France , de la Maiſon de Hugues Capet , qui regne depuis ſix cens ans & plus, tiennent & poſſedent le même Royaume de France , que tenoient les Rois Charles le Chauve , Louïs le Begue , Louïs III. Carloman , & Charles le Simple , fils dudit Louïs le Begue , & autres Rois de France de la Maiſon de Charlemagne , juſques audit Hugues. Et comme ils ſont leurs ſucceſſeurs au Royaume , il eſt auſſi ſans doute , que ces Rois ſont pareillement entrez en leurs droits , & peuvent , avec juſtice , repeter & demander ce qui a eſté uſurpé ſur eux , à l'exemple des Empereurs d'Allemagne , & de tous les Rois & Princes qui ſe veulent maintenir aux meſmes droits qu'ont eu leurs predeceſſeurs , & tâchent toûjours , quand l'occaſion ſe preſente , de recouvrer la poſſeſſion des Royaumes & Seigneuries , qui ont eſté autrefois des appartenances de leurs Etats.

Entre les uſurpations qui ont eſté faites ſur ces derniers Rois de la Maiſon de Charlemagne , celle du Royaume de Bourgogne eſt fort conſiderable : elle s'eſt faite non tout d'un coup, mais par intervalles.

Cét Etat , qui faiſoit la partie Occidentale de l'ancien Royaume de Bourgogne , fut conquis ſur les premiers Rois de Bourgogne par le Roy Clovis I. & ſes enfans Clodomir , Chilbert, & Clotaire , qui acheverent cette Conqueſte en l'année 534.

Depuis

Depuis ce temps jufques en l'année 879. il a eſté poſſedé en-
tier & ſans interruption par les Rois de France leurs Succeſſeurs, tant de la premiere, que de la ſeconde Lignée.

Il fut donc enfin partagé entre Louïs Roy de Germanie, &
le Roy Charles le Chauve, freres, enfans de l'Empereur Louïs
le Debonnaire, qui furent heritiers dudit Royaume aprés le decés de leurs neveux Louïs II. Empereur & Roy d'Italie, Lotaire
II. Roy de Loraine, & Charles Roy de Provence & de Bourgogne, fils de leur frere aiſné l'Empereur Lotaire, le premier
deſquels mourut l'an 875. le ſecond l'an 869. & le troiſiéme
l'an 862. ſans avoir laiſſé aucuns enfans mâles legitimes.

Charles le Chauve eut du commencement pour ſa part, le
Lyonnois, le Dauphiné, & la Ville de Bezançon ; & depuis il
eut la Provence aprés la mort dudit Louïs II. Empereur, comme il ſe voit par le partage du Royaume dudit Lotaire II. fait
en l'année ᵃ 876. où ſe trouverent, par le commandement dudit Charles le Chauve, comme ſes Sujets, les Archeveſques de
Lyon, Vienne, Ambrun, Arles, & Bezançon ; & les Eveſques
de Grenoble, Valence, Die, de Gap, & d'Avignon, qui y
ſont nommez comme témoins ᵇ en l'approbation des Capitulaires & Ordonnances, qui avoient eſté faites à Pavie par ledit
Charles.

Ce Prince eut pour ſucceſſeur éſdites Provinces & Seigneuries, ſon fils le Roy Louïs le Begue ; car au Synode tenu à
Troyes l'an 878. auquel ſe trouva le Pape Jean VIII. aſſiſterent
leſdits Archeveſques de Lyon, de Vienne, d'Arles, & de Bezançon, & ledit Eveſque de Grenoble, avec les autres Eveſques de France, comme il ſe lit aux ſouſcriptions de ce Synode.

A ce Roy Louïs, les Rois Louïs III. & Carloman ſes enfans
luy ſuccederent. Et ce fut ſur ces deux Rois que ſe fit la premiere uſurpation. Car le Lyonnois, le Maſconois, la haute
Bourgogne, le Dauphiné, la Provence, &c. furent envahis par
Boſon Roy d'Arles, lequel à la perſuaſion de ſa femme Er-

a *V. Capit.*
Caroli Cal-
vi, p. 381.
uſque 386.
Continuat.
Aimonii
edente Fre-
hero lib. 5.
c 25. pag.
482. 483.
b *Capit.*
Car. Calvi
f. 453. 454.
Continuator
Aimonii l. 5.
c. 38. p. 501.
Cap. Ca-
roli Calvi
p. 419. 420.
421.
Les Conciles
de France
de Sirm.
vol. 3. pag.
443.
Cap. Caroli
Cal. p. 452.
Continuat.
Aimonii lib.
5. c. 39.

D

mengarde fille dudit Empereur Louïs II. qu'il avoit épousée sans le consentement des Rois ses parens paternels, se fit élire Roy d'Arles l'an 879. à Mentale au Territoire de Vienne, par les Archevesques de Lyon, de Vienne, d'Arles, d'Aix, de Bezançon, & de Tarentaise, & par les Evesques de Grenoble, Valence, Die, Gap, Marseille, Toulon, Riez, Avignon, Aurenge, Lauzane, & de Maurienne, [c] qu'il contraignit, tant par menaces, que par dons & promesses; & comme Roy d'Arles, il fut couronné quelque temps aprés à Lyon : dont il fut blâmé par le Pape Jean VIII. en la lettre qu'il écrivit l'an 881. à l'Archevesque de Vienne, qui étoit de son party, luy representant ledit Boson comme un tyran, & perturbateur du repos du Royaume de France.

e V. Tom.3. Concil. Gal. p.496 497. d Regino in Chron. an. 879. & Continuat. Aimonii lib.5. c.40. e Aux Conciles de France, vol. 3. p. 516.

Lesdits Louïs & Carloman, joints ensemble, & aprés la mort dudit Louïs, ledit Carloman seul, luy firent la guerre pour ce sujet durant les années 880. 881. & 882. mais ils n'en eurent pas la raison; car ils se trouverent empeschez à resister à la rebellion de Hugues fils naturel de Lotaire II. Roy de Loraine, comme encore aux invasions des Normans, qui avoient envahy une bonne partie de la France.

Aimonii Continuator, l. 15. c. 40. 41. Sigebert. in Chronic. an. Dom. 880. usque 885.

De sorte qu'il fut facile audit Boson de retenir partie de ce qu'il avoit usurpé, & le laisser à son fils Louïs, dit l'Aveugle, qui fut élû Roy d'Arles, c'est-à-dire, des païs situez entre le Rône, les Alpes, & la mer, à Valence l'an 890. par les Archevesques de Lyon, Vienne, Ambrun, & Arles, & par plusieurs Evesques, & Grands dudit Royaume, ayant esté favorisé en cette action par l'Empereur Arnoul (fils naturel de Carloman Roy de Baviere, fils de Louïs I. Roy de Germanie, qui n'étoit pas marry, que les Rois de la France Occidentale fussent par ce moyen plus foibles & moins puissans contre lui.

Conciles de France, vol. 3. p. 529.

Outre cette premiere usurpation du Roi Boson, il s'en fit une autre en l'année 888. par Raoul I. Roi de la Bourgogne trans-Jurane, qui occupa le païs situé entre le Mont-Jura, &

& les Alpes de Savoye, de Vallay, & des Grifons, (où font les Villes de Bezançon, Tarentaife, Bafle, Belley, Soleurre, Berne, Fribourg, Lauzanne, Geneve, & Sion, Maurienne & Aouft, & les Duchez de Savoye & Chablais) qui appartenoit de droit au Roy Charles le Simple frere defdits Louïs III. & Carloman, lequel devoit eftre preferé audit Empereur Arnoul non legitime en la fucceffion dudit Royaume de la Bourgogne trans-Jurane, & pareillement aux Royaumes de Germanie & de Loraine, & au Comté de Bourgogne, aprés le decés de l'Empereur Charles le Gras, troifiéme fils dudit Louïs Roy de Germanie, & dernier mafle legitime de la Maifon de Charlemagne en Allemagne, qui avint audit an 888. Mais ledit Raoul ne laiffa pas de fe faire couronner Roy de cette Bourgogne trans-Jurane, à S. Maurice de Chablais. Et combien que ledit Empereur Arnoul luy en euft fait pour cela la guerre, fi eft-ce qu'il fe maintint en ce qu'il tenoit. Comme auffi fit fon fils Raoul II. qui s'accorda en l'année 919. avec ledit Arnoul; & mefme s'accrut du Royaume d'Arles par l'accord qu'il fit l'an 926. avec Hugues Roy d'Italie, qui en occupoit la meilleure partie du vivant mefme dudit Louïs l'Aveugle, & de Charles Conftantin, Prince de Vienne, fon fils, qui reconnoiffoit la France.

Ce Raoul II. mourut l'an 936. & fut pere du Roy Conrad, qui époufa Matilde fille du Roy Louïs d'Outre-mer, & fœur du Roy Lotaire, laquelle, contre la coûtume des derniers fiecles de France, qui ne permet que les filles des Rois foient mariées autrement qu'en argent, & non en Terres, luy apporta en dot la Ville de Lyon, & le Païs de Lyonnois. Du mariage dudit Conrad avec ladite Matilde, naquit le Roy Raoul III. qui deceda en l'an 1032.

Vignier in Chron. Burgundia, an. 888.

f Regino in Chron. ann. 888.

Vignier in Chron. Burgund. an. 904. 917. 930. 933.

Vignier in Chron. Burgund. 967.

AUTRE DROIT DU ROY AU ROYAUME
de Bourgogne, à cause d'Eudes Comte de Champagne, fils de Berthe, fille de Conrad Roy de Bourgogne, & sœur aînée de Gerberge mere de Gifele, femme de l'Empereur Conrad le Salique.

CHAPITRE III.

OUTRE le droit que deſſus qui eſt ſi clair & legitime, il y en a un autre qui le fortifie, & qui eſt fort conſiderable. Car poſé que Raoul I. Roy de la Bourgogne trans-Jurane & ſes deſcendans, Raoul II. Conrad, & Raoul III. Rois de la même Bourgogne & d'Arles, fuſſent Rois legitimes; il eſt certain que Eudes II. Comte de Champagne avoit plus de droit de leur ſucceder, que non pas Henry fils de l'Empereur Conrad le Salique, dautant que la mere dudit Eudes nommée Berthe, fille dudit Roy Conrad, & ſœur dudit Raoul III. étoit ſœur aînée de Gerberge mere de Gifele, femme dudit Empereur Conrad.

v. la Genealogie de S. Arnoul, edente P. Pithœo p. 310.

Auſſi il obtint par blandices & promeſſes que Raoul III. inſtitua heritier Henry ſon fils, fils de ladite Gifele; & pour entrer en poſſeſſion, il ſe rendit maître de la Ville de Baſle, & d'autres Villes dudit Royaume, ayant perſuadé à ce Raoul, (Prince que l'Hiſtoire nous apprend avoir été fort lâche, & de peu d'eſprit) de declarer ſon heritier, comme nous avons dit, Henry ſon fils : & enſuite les Grands firent ſerment de le reconnoître pour leur Roy & Seigneur aprés la mort dudit Raoul ; ce qui ſe fit au prejudice dudit Eudes, & en le ſpoliant de ce qui lui appartenoit. Auſſi ledit Raoul III, étant mort en l'année 1032. ledit Eudes ne manqua pas de s'aſſûrer d'autant de Villes & Places qu'il pût dudit Royaume, foûtenant qu'il lui appartenoit : auſſi il fut reconnu tel par l'Archevefque de Lyon frere du Roy Raoul , par Gerold Prince du Pays de Genevois, & neveu même dudit Raoul, & par pluſieurs autres Grands qui trouverent ſa cauſe tres-juſte, & ne ſe rendirent du party de Conrad que par la force. Car il ſe trouva ſi puiſſant & accompagné de tant d'heur , qu'Eudes fut contraint de ceder pour quelque temps : mais aiant renouvellé la même querelle en l'année 1037. il fut défait, & y perdit la vie prés de Bar-le-Duc par Gozelon Duc de Lorainne, & autres Capitaines de l'armée dudit Empereur Conrad.

Wippo en l'Histoire de Conrad le Slique, apud Pistor. Sigebert. in Chron. an. 1035. 1036. 1037. Glaber Hist. lib.3. p. 38. Fragment. Hist. Franc. à Roberto Rege ex v. Cod. Floriac. p. 85.

Or le Roy eſt iſſu & heritier dudit Eudes à cauſe de Jeanne I. Reine de Navarre & Comteſſe de Champagne , & de Brie, femme du Roy Philippes le Bel.

Car ledit Eudes fut pere de Thibaud I. Comte de Chartres & de Blois , & depuis Comte de Champagne & de Henry, Comte de Champagne & de Brie.

Dudit Thibaud ſortirent , Etienne Comte de Chartres, de Blois & de Brie ; Eudes II. Comte de Champagne , & Hugues auſſi Comte de Champagne.

Dudit Etienne naquit Guillaume qui fut desherité ; Thibaud II. dit le Grand , Comte de Champagne , de Brie, de Chartres , & de Blois ; & Etienne Comte de Boulogne & Mortaing. Thibaud II. fut pere de Henry II. dit le Large, Comte de Champagne & de Brie , pere de Henry III. ſurnommé le Jeune , Comte de Champagne & de Brie ; & de Thibaud III. auſſi Comte deſdites Comtez , lequel épouſa Blanche , fille de Sanche VII. Roy de Navarre.

De cette Blanche il eut Thibaud IV. Comte de Champagne & de Brie, & premier du nom , Roy de Navarre, pere de Thibaud V. Comte de Champagne & de Brie , & II. du nom , Roy de Navarre ; & de Henry IV. auſſi Comte de Champagne & de Brie , & I. du nom , Roy de

V. la Genealogie des Comtes de Champagne de P. Pithou.

Navarre, qui fut pere de ladite Reine Jeanne.

D'où il s'enfuit que le Roy a jufte fujet de pretendre en deux manieres audit Royaume de Bourgogne, tant parce qu'il a été ufurpé fur les Rois de France fes Predeceffeurs, de la Maifon de Charlemagne, que auffi il peut reprendre fon droit, & fe fervir des juftes pretentions dudit Comte Eudes.